BEI GRIN MACHT SICH IHR WISSEN BEZAHLT

AF149781

- Wir veröffentlichen Ihre Hausarbeit,
  Bachelor- und Masterarbeit

- Ihr eigenes eBook und Buch -
  weltweit in allen wichtigen Shops

- Verdienen Sie an jedem Verkauf

**Jetzt bei www.GRIN.com hochladen
und kostenlos publizieren**

Bibliografische Information der Deutschen Nationalbibliothek:

Die Deutsche Bibliothek verzeichnet diese Publikation in der Deutschen National-
bibliografie; detaillierte bibliografische Daten sind im Internet über http://dnb.d-
nb.de/ abrufbar.

Impressum:

Copyright © 2004 GRIN Verlag, Open Publishing GmbH
Druck und Bindung: Books on Demand GmbH, Norderstedt Germany
ISBN: 9783656519652

Dieses Buch bei GRIN:

http://www.grin.com/de/e-book/32577/anreissen-mit-dem-hoehenreisser-unterwei-
sung-werkzeugmechaniker-in

Christian Ullrich

Anreißen mit dem Höhenreißer (Unterweisung Werkzeugmechaniker / -in)

GRIN Verlag

GRIN - Your knowledge has value

Der GRIN Verlag publiziert seit 1998 wissenschaftliche Arbeiten von Studenten, Hochschullehrern und anderen Akademikern als eBook und gedrucktes Buch. Die Verlagswebsite www.grin.com ist die ideale Plattform zur Veröffentlichung von Hausarbeiten, Abschlussarbeiten, wissenschaftlichen Aufsätzen, Dissertationen und Fachbüchern.

Besuchen Sie uns im Internet:

http://www.grin.com/

http://www.facebook.com/grincom

http://www.twitter.com/grin_com

Unterweisungsprobe zur Eignungsprüfung der Ausbilder (nach AEVO)

Bezeichnumg der zuständigen Stelle, der dieser Entwurf vorgelegt wird:	IHK Regensburg
Name und Anschrift des Prüfungsteilnehmers:	Christian Ullrich
Tag der Unterweisung:	15.12.2004
Ausbildungsberuf:	Werkzeugmechaniker/Formentechnik
Thema der Unterweisung:	Anreißen mit Höhenreißer,
Ziel der Unterweisung:	Selbstständiges und maßgenaues Anreißen nach Zeichnung mit den genannten Hilfsmitteln
Lernort (Ausbildungsplatz):	Anreißplatte im Ausbildungsbetrieb
Unterweisungsform:	4-Stufen-Methode nach REFA
Zahl der Auszubildenden bei der Unterweisung:	2
Die Auszubildenden befinden sich im	3.Ausbildungsmonat des 1.Ausbildungsjahres
Zeitdauer der Unterweisung:	Ca. 20 Minuten
Liste der verwendeten Ausbildungsmittel:	<ul><li>Werkstück (3 mal)</li><li>Höhenreißer</li><li>Zeichnung 2x (Blatt1, Blatt2)</li><li>Anschlag</li><li>Anreißplatte</li><li>Tuschierpaste</li><li>Schwamm</li><li>Messchieber</li></ul>
Erklärung des Prüfungsteilnehmers:	Die nachfolgende Beschreibung des Unterweisungsablaufs umfasst 7 Seiten. Ich erkläre, das ich diesen Unterweisungsentwurf selbständig erstellt habe. _____ _____ _____ Ort Tag Unterschrift

Unterweisungs-abschnitt/-zeit	Unterweisungsstufen/ -inhalt/ -technik	Unterweisungs-mittel
Einleitung 3 min	**1.Vorbereitung** (der Auszubildenden) - *Kontaktaufnahme* durch Begrüßung (Guten Morgen, ...) - Kurze Wiederholung der letzten Lernzieles (Messen mit Messschieber) **Beabsichtigte *Kontrollfragen*:** - Welche Messchieber gibt es? (Digital, Analog) - Was kann man mit ihm Messen? (Innen- ,Außen-, Tiefenmaße) - Wie genau (Toleranz) kann man mit ihm Messen? (0,1 mm) - - Was bringt ein digitaler Messschieber? (schnelleres Ablesen des Meßwertes nicht genauer !!!) - zur Feststellung, ob die Auszubildenden noch Fragen haben?	Azubi fragen
Einführung 3 min Thema	- Da wir dieses Thema ausreichend und gut beherrschen kommen wir heute zu einem neuen Thema (Motivation) - Bekanntgabe des neuen Unterweisungsthemas Anreißen mit dem Höhenreißer - Höhenreißer als gesamtes (Fuß, Führung, der bewegliche Schenkel mit Nonius, und Anreißspitze) - Der Anschliff - Unfallverhütung	Höhenreißer Blatt 1
5 min	**2. Vormachen** - Achten, daß die Azubis das Geschehen verfolgen können - Beim Vormachen erklären: Waß?, Wie?, Warum? - Das Einstellen (Grob,- und Feineinstellung) - Achtung: Ablesefehler vermeiden (Parallaxfehler: Blickwinkel gerade auf den Nonius richten nicht von oben oder unten) - Klemmung anziehen - Auf Sauberkeit achten (Fuß des Höhenreißers und Anreißplatte (Schmutz, Späne) ,Werstück gratfrei) - Werkstück zuerst auf blanken Metall anreißen und dabei mögliche Anwendungsfehler erläutern (Sichtbarkeit, Doppelriße, Verkanten, auf Bezugskanten hinweisen)	Höhenreißer Höhenreißer, Werkstück, Anschlag

Unterweisungs-abschnitt/-zeit	Unterweisungsstufen/ -inhalt/ -technik	Unterweisung-mittel
	- Fläche des Werkstücks mit Anreißfarbe einstreichen - Wartung und Pflege (Ölen) - Verletzungsgefahr !	Tuschierpaste
4 min	**3. Nachmachen** - die Azubis nacheinander anreißen und einstellen lassen (der Azubi erklärt dabei: Waß?, Wie?, Warum?) - bei auftretenden Fehlern eingreifen und korrigieren - Fragen ob sie es verstanden haben - Anschließende Zusammenfassung und Motivation (z.B. Habt Ihr gesehen wie einfach ......)	Höhenreißer
Je nach Bedarf (5 min)	**4. Üben** Das entsprechende Material und die Werkzeuge werden nach Checkliste auf dem Tisch bereitgelegt soweit das noch nicht geschehen ist. Die Anreißübung wird zugewiesen (Zeichnung). Die Auszubildenden alleine Arbeiten lassen. Ich bleibe für sie in greifbarer Nähe und kontrolliere von Zeit zur Zeit den Übungsstand. Anschließen ziehe ich die Übungen zur Begutachtung ein, und bespreche eventuelle Fehler mit den Azubis. **Abschluss:** Das nächste Thema bekanntgeben: Anreißen mit Reißnagel Verabschieden und die Azubis auf ihren Arbeitsplatz zurückschicken und Arbeit fortsetzen.	Höhenreißer, Werkstück, Anreißfarbe Blatt 2

I Zusammensetzung der Ausbildungsgruppe / Adressatenbeschreibung

Zwei Auszubildende gleichen Alters = 15 Jahre mit qualifizierten Hauptschulabschluss:

A: Geschick im manueller Bereich (Praktiker)
   Lernbereitschaft im theoretischen mäßig
   Wenig Temperament

B: durchschnittliche Begabung im manuellen Bereich
   aufgeschlossen und spontan
   intelligent und lerneifrig (Theoretiker)

II Analyse der Ausgangslage

Die Auszubildenden befinden sich noch in der Probezeit

Bisher vermittelte Kenntnisse und Fertigkeiten:

Groblernziel: Feilen
Feinlernziel: Eben-, Maßhaltig und Winkeligfeilen von Werkstücken mit den verschiedensten
             Feilen

Groblernziel: Messen
Feinlernziel: Messen mit dem Messchieber analog und digital

Wie erwartet waren die beiden Auszubildenden gut Motiviert (Anfangsschwung?).
Da sie sich immer noch in dieser Phase befinden, ist ein gewisses Interesse und Motivation
für das neu zu Lernende zu erwarten.
Daten verändern sich bei anderen zu unterweisenden Auszubildenden.

Grunddaten der Unterweisung

Ausbildungsberuf: Werkzeugmechaniker
                         Fachrichtung: Formentechnik

Ausbildungsabschnitt: Metallgrundlehrgang
                         3. Ausbildungsmonat im 1. Jahr

Ausbildungsinhalt
Groblernziel: Anreißen

Feinlernziel: selbstständiges Anreißen von Maßen und Linien innerhalb der
                         Toleranzen von technischen Zeichnungen mithilfe eines Höhenreißers

Ausbildungszeit: ca. 20 Minuten

Ausbildungsort: Lehrwerkstatt, Werkbank

Checkliste:

Höhenreißer
Werkstücke (1x Ausbilder, 2x Auszubildende)
Zeichnungen Blatt 1 und Blatt 2
Anschlag
Messschieber
Tuschierpaste
Schwamm

Richtiger und Falscher Anschliff

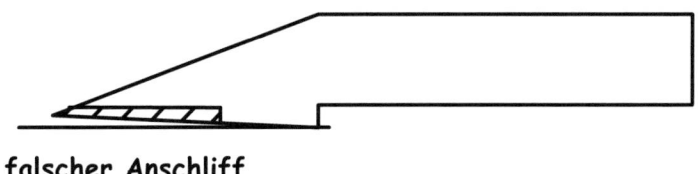

falscher Anschliff

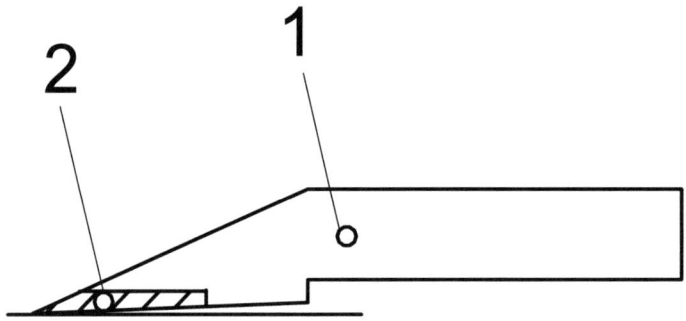

richtiger Anschliff

Aufbau

1.) Grundkörper
2.) Hartmetallplätchen
     (hartgelötet)

Anreißübung

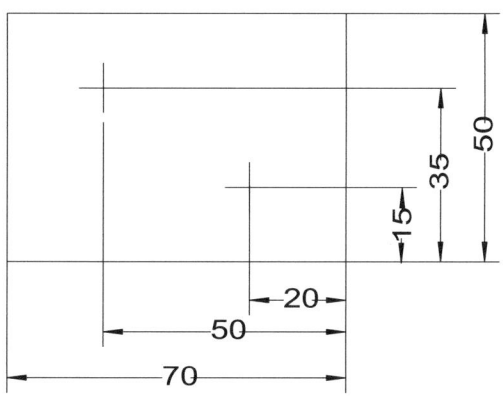

Toleranz +/- 0,1   Maßstab 1:1